BEI GRIN MACHT SICH IHR WISSEN BEZAHLT

Sven Kreienhoop

Die Auswirkungen von "Saturday Night Fever" auf die Bee Gees und die Jugendkultur in Deutschland

GRIN Verlag

Bibliografische Information der Deutschen Nationalbibliothek:

Die Deutsche Bibliothek verzeichnet diese Publikation in der Deutschen National-
bibliografie; detaillierte bibliografische Daten sind im Internet über http://dnb.d-
nb.de/ abrufbar.

Impressum:

Copyright © 2014 GRIN Verlag GmbH
Druck und Bindung: Books on Demand GmbH, Norderstedt Germany
ISBN: 978-3-656-95568-9

Dieses Buch bei GRIN:

http://www.grin.com/de/e-book/299100/die-auswirkungen-von-saturday-night-
fever-auf-die-bee-gees-und-die-jugendkultur

GRIN - Your knowledge has value

Der GRIN Verlag publiziert seit 1998 wissenschaftliche Arbeiten von Studenten, Hochschullehrern und anderen Akademikern als eBook und gedrucktes Buch. Die Verlagswebsite www.grin.com ist die ideale Plattform zur Veröffentlichung von Hausarbeiten, Abschlussarbeiten, wissenschaftlichen Aufsätzen, Dissertationen und Fachbüchern.

Besuchen Sie uns im Internet:

http://www.grin.com/

http://www.facebook.com/grincom

http://www.twitter.com/grin_com

Cato Bontjes van Beek-Gymnasium Achim

Die Auswirkungen von Saturday Night Fever auf die Bee Gees und die Jugendkultur in Deutschland

Sven Kreienhoop

Abgabetermin: 13.11.2014

Inhaltsverzeichnis

1. Einleitung

John Travolta – wer kennt ihn nicht, den Hauptdarsteller in „Saturday Night Fever"? Kaum ein anderer Schauspieler und kaum ein anderer Film haben derart weite Wellen in der Jugendkultur und der Musik geschlagen. Schon gar nicht so weite Wellen, dass durch den Film ein neues Musikgenre, die Disco-Musik, gleichsam erfunden wurde.

In der folgenden Arbeit wird daher nun untersucht, wie der Erfolg des Filmes „Saturday Night Fever" die Bee Gees und die Jugendkultur in Deutschland beeinflusst hat.

Zunächst wird untersucht, ob der Film „Saturday Night Fever" tatsächlich Auslöser der viel zitierten Disco-Welle ist, bevor dann auf den daraus resultierenden Erfolg der Bee Gees, deren Manager Robert Stigwood ebenfalls die Produktion des Filmes „Saturday Night Fever" leitete, sowie auf die Veränderungen der Jugendkultur in Deutschland der späten 1970er Jahre eingegangen wird. Abgerundet wird die Ausarbeitung durch ein Fazit.

2. Der Film 2Saturday Night Fever2 als Auslöser der „Disco-Welle"

Den Film „Saturday Night Fever" als Auslöser der „Disco-Welle", also der Kultur, zu Plattenspieler-Musik zu tanzen, zu sehen ist zunächst natürlich erst einmal nicht falsch, dennoch darf man nicht unterstellen, dass es vor dem Film noch keine Disco-Kultur gegeben hat.

Denn diese hatte es bereits seit den 1930er Jahren gegeben in Deutschland und war zunächst ein Widerstand gegen den Nationalsozialismus gewesen. (vgl. MEYER 2013, S. 138), kann also als Subkultur aufgefasst werden, die nur von wenigen Menschen praktiziert worden ist. Aufgrund der vorherrschenden anderen Musikstile der 1950er bis 1970er Jahre (Beatles, Woodstock und Hippie-Bewegung), die weniger den Tanz in den Vordergrund stellten, blieb die Disco-Kultur eine Subkultur in den USA, während sie in Deutschland fast vollständig ausstarb und auch in den USA auf dem absteigenden Ast war.

> Bill Oakes (ehemaliger Chef der Plattenfirma RSO) in einem Interview mit dem „W-Magazin":"Fever [gemeint ist Saturday Night Fever] is credited with kicking off the whole disco thing – but it really didn't. Truth is, [SNF] breathed new life into a genre that was actually dying"

Aber, wie Oakes in seinem Interview gesagt hat, hat der Film die Disco-Kultur mit Leben erweckt, sie also wieder stärker in das Bewusstsein der Gesellschaft gerückt (vgl. ebd.). Das (Wieder)aufleben der Disco durch den Film ist insofern interessant, als dass die Handlung des Filmes die negativen Aspekte des Disco-Lebens in den Vordergrund stellt, aber die Inszenierung die Disco und die dazugehörende Kultur verherrlichend darstellt (vgl. GEISTHÖVEL 2013, S. 157). Dass durch den Film die Disco wieder an Attraktivität gewann, mag daran liegen, dass jugendliche Filmzuschauer dazu neigen, sich eher auf die Inszenierung als auf die Gesamthandlung einzulassen.

Bezogen auf das musikkulturelle Leben in Deutschland muss man „Saturday Night Fever" auf jeden Fall als Auslöser der Disco-Welle sehen, da es in Deutschland vor 1978 nahezu keine Discotheken gab und somit der Film ein neues Musik- und Tanzgenre in Deutschland etabliert hat.

3. Der Erfolg der Bee Gees durch den Film

„The Bee Gees' only crime was to help make disco popular" (MEYER 2013, S. 136). Umgekehrt machte aber auch der Film die Bee Gees populär, was sich in den Verkaufszahlen ihres Sound-Track-Albums zeigt, das zwischen 1977 und 1980 25 Millionen Mal verkauft wurde (vgl. ebd.) und bis zum Erfolg von Whitney Houston 1992 das meistverkaufte Soundtrack-Album war (vgl. http://de.wikipedia.org/wiki/Saturday_Night_Fever:_The_Original_Movie_Sound_Track). Außerdem hielt sich das Album 24 aufeinanderfolgende Wochen auf Position 1 der US-Album-Charts, die Single „How Deep Is Your Love" hielt sich 17 Wochen lang in den Top 10 und auch „Night Fever" und „Stayin' Alive" wurden zu Nummer 1-Hits (vgl. MEYER 2013, S. 136). Die Bee Gees, die vor allem in Deutschland schon Ende der 1960er mit Softpop-Hits wie „Massachusetts" berühmt waren (vgl. SAHNER 1979, S. 45) hatten ihren Erfolg somit nicht nur wiederholt, sondern übertroffen. (vgl. MEYER 2013, S. 136). Das Soundtrack-Album verkaufte sich von Januar 1978 bis August 1978 mehr als eine Million Mal und wurde somit „zum größten Kommerzerfolg des Musikgeschäfts" (Der Spiegel 35/1978, S. 146).

4

Der Grund für den Erfolg mag das von Saturday-Night-Fever-Produzent und gleichzeitigem Bee-Gee-Manager Robert Stigwood erdachte Cross-Media-Marketing gewesen sein – eine bis dahin neue Marketing-Stategie (vgl. Zeithistorische Forschungen 1/2013), die den Film durch die Bee Gees und die Bee Gees durch den Film so erfolgreich machte („The soundtrack hit first and fueled the movie, then the movie hit and refueled the soundtrack", MEYER 2013, S. 137).

Dem Erfolg war allerdings ein radikaler Stilwechsel der Bee Gees vorausgegangen: Nach der „Krise" der frühen 1970er Jahre wandten sie sich mit dem Album „Main Course" 1975 erstmals der Disco-Musik zu (vgl. HENKELS 1979, S. 97), intensivierten diese Richtung im Jahr 1976 (vgl. HENKELS 1979, S. 100), sodass behauptet werden kann, dass ohne den Stilwechsel der Bee Gees das „Disco-Phänomen" wesentlich schwächer ausgefallen wäre, oder von einer anderen Band stärker geprägt worden wäre.

Zusammengefasst ließ der Film Saturday Night Fever die Bee Gees zu „Superstars der 70er Jahre" (HENKELS 1979, Cover) aufsteigen, da ihr Soundtrack-Album zu Saturday Night Fever zu einer „Disco-Rakete" (HENKELS 1979, S. 61) wurde.

4. Die Auswirkungen des Filmes auf die deutsche Jugendkultur

Ein Film wie „Saturday Night Fever", der von so vielen (jungen) Menschen gesehen wurde und den Bee Gees neuen Ruhm brachte, beeinflusste zweifelsohne die Jugendkultur der späten 1970er Jahre in Deutschland und kann als Auslöser der „Disco-Welle" in der Bundesrepublik gesehen werden (vgl. S. 4).

Die Ursache, weshalb die in „Saturday Night Fever" gezeigte Discokultur in Deutschland Einzug erhalten hat, könnte die nicht vorhandene politische Komponente sein. Denn zuvor waren die Einflüsse auf die Jugendkultur stets ein Stück weit politisch motiviert gewesen (Rock'n'Roll der 1950er als Gegensatz zum „Muff" der 1950er Jahre; Hippie- Protest- und Friedensbewegung der 1960er und frühen 1970er als Entgegnung auf den Vietnamkrieg sowie den kalten Krieg). Die Jugendkulturen vor 1977 können also als Gegenkulturen („Gegenkultur beschreibt eine bestimmte, längerfristig gesellschaftlich wirksame Untergruppe einer gegebenen Kultur. Im Gegensatz zu einer „Subkultur" wird – nach John Milton Yinger – unter „Gegenkultur" das Infragestellen von primären Werten und Normen der Mehrheitskultur verstanden. Dabei spielen mitunter (gesellschaftliche) Visionen und Utopievorstellungen eine Rolle.", http://de.wikipedia.org/wiki/Gegenkultur) aufgefasst werden, die durch Saturday Night Fever entstandene Disco-Kultur doch eher als „Spaßkultur", (http://www.spiegel.de/einestages/Saturday-night-fever-a-948796.html) die die Grundwerte der bestehenden Gesellschaft akzeptiert und die psychedelische Protestkultur der Siebziger ablehnt (vgl. ebd.). Dadurch, dass die Jugendkultur entpolitisiert wurde, war Disco zum „Mainstream" geworden – ein Begriff, gegen den sich beispielsweise Hippies gewehrt hätten, sich vielleicht sogar beleidigt fühlen würden.

Durch das Fehlen einer Diskussion über politische und gesellschaftliche Themen, die noch von Jugendkulturen vor Saturday Night Fever oftmals Motivation für Liedtexte waren, rückte in der Disco-Kultur erstmals der Tanz und die aktive Inszenierung der eigenen Körperlichkeit in den Mittelpunkt (vgl. http://www.bpd.de/themen/RKURA9,0,0,Disco.html) – so wie es John Travolta als Tony Manero „vorlebte". Infolgedessen wurden Tanzschulen wieder populärer (vgl. Spiegel 42/1978, S. 233)

Ebenfalls passte sich die Jugend auch dem in Saturday Night Fever gezeigten Kleidungsstil an, der im Gegensatz zur Kleidung der 1968er-Generation wieder etwas gehobener ausfällt („Immer mehr Jugendliche bekehren sich dazu, wieder Bügelfalte und ein geglättetes Hemd zu tragen, Creme ins Haar zu schmieren, ausgefeilte Tanzschritte einzuüben und ein extrovertiertes Gebaren zu versuchen – á la John Travolta" – Spiegel 42/1978). Dieses Zitat aus dem Spiegel-Artikel „Disco: Narziß im Laser-Licht" vom 16.10.1978 zeigt wohl wie kaum ein anderer Satz, wie sehr sich die deutsche Jugendkultur Ende der 1970er Jahre dem „Vorbild" im Film angeglichen hat.

5. Fazit

Zusammenfassend ist zunächst zu sagen, dass der Film Saturday Night Fever bei der Jugend in Deutschland eine große Resonanz erreichte und Saturday Night Fever das Jugendleben nicht nur beeinflusste – es war fast die Jugendkultur.

Die Bee Gees avancierten gemeinsam mit „Disco-Queen" Donna Summer zu den zentralen Vertretern des neuen Musik- und Tanzgenre, das durch den Film von einem kleinen Rand-Phänomen in den Mainstream rückte – zunächst im Produktionsland USA, dann auch in der Bundesrepublik. Die DDR wurde natürlich wegen der Nähe des Regimes zum US-Feind Sowjetunion nicht mit dem „Disco-Fieber" infiziert.

Die Fragestellung „Wie beeinflusste der Erfolg des Filmes „Saturday Night Fever" die Bee Gees und die Jugendkultur in Deutschland?" konnte klar und einschlägig beantwortet werden: Der Film ließ durch seine Neuartigkeit ein neues Musik-Genre und eine neue Feierkultur entstehen, die in Grundzügen noch heute Bestand hat.

6. Quellenverzeichnis

Literatur

Geisthövel, A., Ein spätmoderner Entwicklungsroman: „Saturday Night Fever"/"Nur Samstag Nacht" (1977) in: Zeithistorische Forschungen/Studies in Contemporary History 1/2013, S. 153-158.

Henkels, M., Bee Gees, Die Superstars der 70er Jahre, 1. Auflage, Hamburg 1979.

Meyer, D. N., The Bee Gees, the biography, 1. Auflage, Boston 2013.

Sahner, P., Bee Gees, 1. Auflage, Bergisch Gladbach/Zürich 1979.

Film: Tanz auf dem Plastik-Vulkan, in: Der Spiegel 15/1978, S. 204-206.

Bee Gees: Gold für die Sippe, in: Der Spiegel 35/1978, S. 146

Disco: Narziß im Laser-Licht, in: Der Spiegel 42/1978, S. 222-233.

Internet

http://www.spiegel.de/einestages/saturday-night-fever-a-948796.html, Heim, M., Saturday Night Fever – Der Messias tanzt bügelfrei, 04.11.2007, entnommen am 17.10.2014

http://de.wikipedia.org/wiki/Nur_Samstag_Nacht, mehrere Autoren, 16.09.2014, entnommen am 17.10.2014

http://en.wikipedia.org/wiki/Saturday_Night_Fever, mehrere Autoren, 12.10.2014, entnommen am 17.10.2014

http://de.wikipedia.org/wiki/Saturday_Night_Fever:_The_Original_Movie_Sound_Track, mehrere Autoren, 15.10.2014, entnommen am 17.10.2014

http://en.wikipedia.org/wiki/Saturday_Night_Fever_(soundtrack), mehrere Autoren, 11.09.2014, entnommen am 17.10.2014

http://www.bpd.de/themen/RKURA9,0,0,Disco.html, Farin, K., Disco, 25.02.2010, entnommen am 26.10.2014

http://en.wikipedia.org/wiki/Cross-media_marketing, mehrere Autoren, 23.10.2014, entnommen am 27.10.2014

http://de.wikipedia.org/wiki/Gegenkultur, mehrere Autoren, 25.03.2014, entnommen am 30.10.2014

http://www.bpb.de/themen/RKURA9,0,0,Disco.html

Filme

Badham, J. (Regisseur), Stigwood, R. & Paramount Pictures (Produzenten), Saturday Night Fever (1977).

Bilder

Deckblatt: Oben links:
www.openculture.com/2011/06/saturday_night_fever_the_fake_magazine_story_that_started_it_all.htm

Deckblatt: Oben rechts:
http://upload.wikimedia.org/wikipedia/en/0/0c/TheBeeGeesSaturdayNightFever albumcover.jpg

Deckblatt: Unten:
http://www.bpb.de/themen/RKURA9,0,0,Disco.html